COZINHA PRÁTICA

SALADAS

COZINHA PRÁTICA

SALADAS

Editor
Cristian Muniz

Coordenação Pedagógica e Editorial
Geovana Muniz

Revisão
Equipe Editorial PAE

Capa, Projeto Gráfico e Editoração Eletrônica
WK Editorial

Dados Internacionais de Catalogação na Publicação (CIP)
(Câmara Brasileira do Livro, SP, Brasil)

Cozinha prática : saladas / [editor Cristian Muniz]. -- São Paulo : PAE Editora, 2022.

1. Culinária (Saladas) 2. Receitas I. Muniz, Cristian.

14-06816   CDD-641.83

Índices para catálogo sistemático:
1. Saladas : Receitas culinárias : Economia doméstica 641.83

Impresso na China

Todos os direitos desta edição reservados à
PAE Editora
Rua Saguairu, 274
012514-000 – São Paulo – SP
Tel: 11 3222-9015
www.pae.com.br

Sumário

Pág	Conteúdo	Pág	Conteúdo
6	Introdução	37	Salada com Quinoa
10	Ingredientes para Saladas	38	Salada Especial
12	Tipos de Molhos	39	Salada de Pepino
13	Azeite de Oliva	40	Salada Chic
14	Salada Waldorf	41	Salada Mexicana
15	Salada Oriental	42	Salada de Berinjela
16	Salada Caprese	43	Salada Praiana
17	Salada de Batata Especial	44	Salada Verão
18	Salada Tropical	45	Salada da Hora
19	Salada Mediterrânea	46	Salada de Domingo
20	Salada de Figo	47	Salada de Soja
21	Salada Caesar	48	Salada de Pupunha
22	Salada Francesa	49	Salada de Cebola
23	Salada de Polvo	50	Salada de Maçã
24	Salada de Lulas	51	Salada Grega
25	Salada de Ovas	52	Salada de Repolho
26	Salada em Camadas	53	Salada Saudável
27	Salada de Jiló	54	Salada Sucesso
28	Salada de Tomate	55	Salada de Festa
29	Salada Roquefort	56	Salada de pimentão e rabanete
30	Salada Tubante	57	Salada de Frutas I
31	Salada de Ricota	58	Salada de Frutas II
32	Salada Crocante	59	Salada de Frutas III
33	Salada Tricolore	60	Salada de Frutas IV
34	Salada de Agrião	61	Salada de Frutas V
35	Salada de Alface	62	Salada de Frutas VI
36	Salada de Lombo e Melão	63	Equivalência de Pesos e Medidas

Introdução

Foi-se o tempo que salada era uma coisa sem graça, que a gente comia por uma questão de compromisso com a própria saúde ou para desencargo de consciência. Hoje, saladas podem ser ótimas entradas e, também, o prato principal de uma refeição, principalmente para aqueles que querem se livrar de uns quilinhos a mais. De qualquer forma, uma salada criativa pode ser uma quebra da rotina alimentar e, por que não, uma surpresa agradabilíssima ao paladar.

A palavra salada vem do latim salgado, referindo o *tempero* sal de cozinha que pode ser o único elemento extra desta combinação, embora normalmente, a salada atual seja acompanhada de molhos e temperos maravilhosos, tornando-a mais atrativa e saborosa.

Existem bons motivos para fazermos o uso das saladas nas principais refeições, além de práticas e fáceis de preparar, podemos destacar mais benefícios:

1. Possuem baixas calorias: ajudam nas dietas para perda de peso;

2. Fornecem vitaminas, minerais e fibras: auxiliando o bom funcionamento do organismo;

3. Contêm alto teor de água: hidratam o corpo, especialmente em dias quentes;

4. Exigem pouco tempo para o preparo: podem constituir uma refeição prática;

5. Possibilitam a mistura de várias cores: tornando o visual bonito e atrativo;

6. São facilmente digeridas pelo organismo: proporcionam uma sensação de bem estar;

7. Permitem a combinação de diversos sabores: você pode deixá-la sempre ao seu gosto.

Uma boa salada começa na aquisição de ingredientes de qualidade. Ao comprar verduras e legumes, existem alguns truques. Uma dica que vale para todos: se puder, escolha os orgânicos. O sabor é bem superior, além de fazer bem para saúde e para o meio ambiente. Alguns detalhes são importantes ao fazer a escolha:

Agrião

Como escolher: Compre maços com folhas verde-escuras e talos firmes.

Como armazenar: O agrião dura pouco e deve ser consumido logo após a compra. Guarde na geladeira, em saco plástico ou vasilha fechada por no máximo três dias.

Alcachofra

Como escolher: Para saber se está boa para o consumo, segure-a pela base e sacuda suavemente. O talo flexível indica que ela está no ponto para ser consumida. Manchas pretas nas pontas das folhas ou na base indicam que a alcachofra já perdeu o frescor. As folhas também devem estar bem fechadas. Quando abertas, o gosto pode ser amargo e sua consistência, muito dura.

Como armazenar: Guarde na gaveta da geladeira, embalada em saco plástico, por até cinco dias. Pulverize as folhas com água antes de colocá-la na embalagem para que ela mantenha a umidade e dure por mais tempo. Depois de cozida, a alcachofra pode ser guardada no congelador.

Almeirão (ou chicória-amarga)

Como escolher: Prefira os maços com folhas verdes, firmes e sem manchas escuras. As partes murchas e amareladas indicam que o almeirão já está velho.

Como armazenar: Compre o necessário para o consumo imediato, pois o almeirão é delicado e estraga rapidamente. Na geladeira, embalado em saco plástico, pode ser conservado por até três dias. Fora da geladeira dura apenas um dia, isso se as folhas forem mantidas em lugar fresco, com a parte de baixo em uma vasilha com água.

Berinjela

Como escolher: Prefira a berinjela de casca fina, lisa e brilhante, de formato comprido e não muito grande. Geralmente as grandes contêm mais sementes e fibras. As folhas na extremidade da berinjela devem estar bem verdes e grudadas à casca.

Como armazenar: Guarde-a na geladeira, dentro de embalagem plástica, por no máximo duas semanas. Conserve as berinjelas inteiras e com o "cabo" até o momento do consumo. Isso porque, depois de cortada, começa o processo de oxidação, que reduz o valor nutricional e escurece a polpa.

Beterraba

Como escolher: Compre as beterrabas de tamanho pequeno ou médio, com folhas frescas e viçosas. Assim elas são mais saborosas e macias, além de durarem mais tempo. A casca deve ser uniforme, sem manchas ou rachaduras, e a raiz deve estar firme. Não compre a beterraba murcha. Isso é sinal de que ela está velha e fibrosa.

Como conservar: A beterraba pode ser guardada em local fresco por até uma semana e, na geladeira, por cerca de 15 dias. Se estiver em ramo, retire as folhas e guarde-as separadamente em saco plástico. Ricas em nutrientes, as folhas e talos podem ser usados no preparo de sopas e caldos. Só fique atenta porque o tempo de vida das folhas é bem mais curto.

Brócolis

Como escolher: Ao comprar o brócolis japonês, observe a cabeça, que deve ser firme, verde e sem manchas – áreas amareladas indicam que o vegetal está velho. Já o brócolis comum apresenta coloração verde-escura, botões das flores fechados, talos firmes e folhas frescas. Também nesse caso, flores amareladas e botões abertos significam que o produto já passou do ponto.

Como armazenar: Por ser um vegetal muito sensível e de baixa durabilidade, conserve-o na geladeira em um saco plástico perfurado por até quatro dias. Antes de guardá-lo, porém, retire as folhas murchas e as partes passadas.

Chuchu

Como escolher: Selecione o de casca verde, sem machucados ou espinhos. A casca amarelada e sem brilho indica que o legume já está passando do ponto.

Como armazenar: Guarde-o embalado em saco plástico, na geladeira, por até uma semana.

Couve

Como escolher: Compre a verdura firme, com a folha verde-escura, sem manchas. Não compre a couve já picada em tirinhas. Apesar de prática, essa forma não é a ideal: assim que é cortada, a couve começa a perder nutrientes, especialmente a vitamina C.

Como armazenar: Mantenha as folhas inteiras, sem retirar o talo. Conserve a couve em saco plástico, na geladeira, por até uma semana.

Couve-flor

Como escolher: Prefira a redonda, com buquês firmes, compactos, de cor branca ou creme. As folhas devem estar verdes e brilhantes. A couve-flor de forma achatada desmancha durante o cozimento.

Como armazenar: Retire as folhas, coloque as flores em saco plástico e guarde na gaveta da geladeira por até cinco dias.

Escarola

Como escolher: Descarte os maços que estiverem com folhas se soltando, murchas ou queimadas. Além de fresquinhas e bonitas, as folhas de tom verde-escuro costumam ser mais ricas em nutrientes e mantêm o gosto amargo típico dessa verdura.

Como armazenar: Fora da geladeira, a escarola pode ser guardada em saco plástico aberto ou com a parte de baixo imersa em uma vasilha com água, em local fresco, por um dia. Na geladeira, deve ficar na parte mais baixa, em saco plástico fechado ou vasilha com tampa. Dura entre três e quatro dias.

Espinafre

Como escolher: O espinafre é muito delicado. Por isso, escolha o maço com folhas verdes, com cor uniforme e viva, sem partes murchas. Folhas amareladas e talos escurecidos indicam que o produto está velho. Quando comprar a verdura já limpa, observe se é mantida em refrigeração no supermercado.

Como armazenar: O espinafre tem baixa durabilidade e deve ser consumido logo após a compra. Guardado na gaveta da geladeira e embrulhado em saco plástico, pode ser conservado por até três dias. É possível, ainda, congelá-lo: lave e seque bem as folhas e embale em saco plástico retirando todo o ar. Mantenha no freezer por 30 dias.

Pimentão

Como escolher: Prefira os que têm cor viva e pele lisa. Escolha os pimentões com talo verde, pesados e firmes – ao pressionar a superfície com o dedo, não deve ceder.

Como armazenar: Conserve o pimentão na geladeira por até uma semana, guardado em sacos plásticos furados, nas prateleiras inferiores.

Repolho

Como escolher: A cabeça deve ser firme, pesada e sem rachaduras. As folhas não devem apresentar manchas escuras nem perfurações. Se tiver folhas soltas, o repolho não está em perfeito estado de conservação.

Como armazenar: Conserve o repolho em saco plástico, na gaveta da geladeira, por até dez dias. Mas se estiver parcialmente cortado, guarde-o na geladeira, embalado em papel-filme, e consuma-o em até dois dias. É que depois de cortado, ele perde rapidamente a vitamina C e outros nutrientes.

Vagem

Como escolher: Prefira as inteiras, frescas e com cor verde uniforme. Não compre as murchas, com pontas escuras ou manchas. E evite as vagens com saliências – sinal de que as sementes internas estão grandes e o produto já passou do ponto, está fibroso e sem sabor.

Como conservar: Guarde-as na geladeira, sem lavar e em saco plástico, por até uma semana.

O segundo passo para uma boa salada é a higienização das verduras e legumes.

Folhas: É indicado retirar as folhas ou parte delas que estejam envelhecidas e amareladas. Lave bem as folhas sob água corrente, uma a uma. Observe se há ciscos ou bichinhos e retire-os delicadamente para não machucar a folha. Depois, mergulhe as folhas em uma solução de água com hipoclorito de sódio (2 gotas de hipoclorito de sódio por 1 litro de água), deixando-as de molho por 15 minutos para matar possíveis bactérias ou protozoários que podem causar moléstias. O hipoclorito de sódio é facilmente encontrado nos supermercados, próximo às folhagens e também deve ser distribuído gratuitamente nos postos de saúde. Na falta dele, você pode usar 1 colher de água sanitária (daquelas sem fragrância) ou duas colheres de vinagre por litro de água. A couve-flor, o brócolis e o repolho também devem ficar de molho nesta solução, depois de picados e lavados.

Demais verduras e legumes: Lavar bem todos eles, retirar a casca se necessário, e cortá-los para preparar já é o suficiente. Procure usar o máximo de ingredientes crus. Se você preferir usar algo cozido na salada, como beterraba ou cenoura, sugiro que cozinhe à vapor ou em pouca quantidade de água, em fogo baixo, até que a água seque. Isso preserva a cor, o sabor e as propriedades dos alimentos.

Depois das verduras e legumes limpos e preparados, use sua criatividade para montar a salada. Se você vai fazer uma salada grande, com mais de dois tipos de folhas, disponha as folhas nas extremidades, como uma cama, em uma bandeja aberta. Você pode criar camadas de cores e folhas diferentes ou simplesmente misturá-las. No centro da bandeja coloque os demais legumes e verduras ou espalhe-os por sobre a salada. Não tempere uma salada folhosa antes de levar à mesa. Se o consumo não for imediatamente após o tempero, as folhas murcham e ficam com aspecto ruim. Sugiro que prepare um molhinho especial ou disponibilize à mesa azeite, sal, pimenta e limão. Assim cada um tempera a seu gosto. Vale acrescentar alguns ingredientes para dar um charme a mais: queijo especial, croutons, azeitona, palmito, ervas aromáticas e molhos especiais.

Ingredientes para Saladas

Vegetais folhosos, brotos e legumes

O hábito de uma alimentação saudável deve ser cultivado por todos e as verduras e legumes devem estar no cardápio desde a alimentação infantil até a terceira idade. A junção de fibras, minerais e vitaminas auxiliam no peso adequado e também na prevenção a doenças. Recomenda-se o consumo mínimo de três porções desse tipo de alimento durante o dia.

Alface Romano

Alface Americano

Acelga

Espinafre

Agrião

Rúcula

Couve

Alcaparras

Aipo

Tipos de Molhos

O mundo dos molhos é muito vasto. Existe um tipo de molho para cada tipo de alimento, mas existem muitos molhos que se comportam muito bem em pratos totalmente diferentes. O molho é um complemento indispensável para determinadas receitas. Deve ser marcante e valorizar o prato que acompanha, mas sem roubar-lhe o sabor original.

Agridoce

Ácidos

Béchamel

Geleias

Emulsificantes

Azeite de Oliva

Trata-se de um alimento antigo, clássico da culinária contemporânea, regular na dieta mediterrânea e nos dias atuais presente em grande parte das cozinhas. Ele trás um sabor especial e delicado a qualquer tipo de salada.

Ingredientes

- 300 g de salsão
- 500 g de maçãs
- 150 g de nozes descascadas
- 2/3 de xícara de maionese
- 2 gemas
- 1/2 colher (sopa) de suco de limão
- 2 colheres (sopa) de água fervente
- 1 xícara de óleo de canola
- 1/4 xícara de azeite de oliva
- 1/2 colher (chá) de mostarda, sal e pimenta-do-reino

Salada Waldorf

1. Prepare a maionese colocando em uma tigela as gemas e o suco de limão.

2. Acrescente a mostarda e bata até começar a espessar, acrescente o azeite de oliva gota a gota, batendo sem parar com um batedor de arame (fouet). Assim que a consistência começar a firmar, acrescente o óleo lentamente sem parar de bater. Quando atingir o ponto de maionese, acrescente a água fervente e bata novamente para incorporar, tempere com sal e pimenta-do-reino e leve à geladeira.

3. Retire as fibras dos talos de salsão e corte em cubos de 1 cm. Descasque as maçãs e corte-as em cubos de 1 cm.

4. Misture os cubos de maçã, salsão e nozes e acrescente a maionese, misture bem. Leve a geladeira até o momento de servir.

Tempo de preparo

20 min

Rendimento

4 porções

Ingredientes

- 1 cenoura média
- 1 pepino-japonês
- 1 pedaço de nabo
- 2 colheres (sopa) de açúcar
- 4 colheres (sopa) de vinagre de arroz
- 1/2 colher (café) de óleo de gergelim
- 1 pitada de Ajinomoto

Salada Oriental

1. Lave bem a cenoura, nabo e o pepino. Rale em um ralador grosso para obter um corte em formato de palitos finos e coloque-os em um recipiente.

2. Em outro recipiente, misture o vinagre e o açúcar. Acrescente o Ajinomoto e o óleo de gergelim torrado.

3. Regue a salada e salpique com o gergelim torrado. Sirva como entrada.

Tempo de preparo

20 min

Rendimento

2 porções

Ingredientes

- 6 bolas de queijo mussarela de búfala em cubos
- 2 tomates médios cortados em rodelas

Salada Caprese

1. Disponha em um prato a mussarela e distribua os tomates por cima.

Molho:

1. Coloque no liquidificador o manjericão, o azeite de oliva, a pimenta-do-reino, o sal e o vinagre e bata por 1 minuto.

2. Despeje o molho sobre a salada e sirva em seguida.

Tempo de preparo

15 min

Rendimento

2 porções

Ingredientes

- 3 batatas grandes
- 1/2 pé de alface crespa lavado
- 1/2 pé de rúcula lavado
- 1 caixinha de creme de leite
- 1/2 xícara (chá) de queijo parmesão ralado
- 5 colheres (sopa) de azeite de oliva
- 1/2 maço médio de tomilho
- Pimenta-do-reino em grãos
- 2 salsichões cortados em rodelas

Salada de Batata Especial

1. Lave as batatas e leve ao fogo em uma panela com 1 litro de água. Cozinhe até ficarem macias.

2. Retire do fogo, escorra a água, descasque as batatas e corte em cubos grandes. Reserve.

Creme:
1. Coloque o creme de leite em uma tigela refratária e leve ao fogo, em banho-maria, em uma panela com 1 litro de água.

2. Cozinhe, batendo sem parar com um batedor manual até encorpar. Reduza o fogo e acrescente, aos poucos, e sem parar de bater, o queijo parmesão.

3. Em seguida, adicione o azeite de oliva em fio, batendo sem parar. Acerte o sal e junte o tomilho e a pimenta-do-reino moída grosseiramente.

4. Retire do fogo. Disponha as folhas de alface e de rúcula em uma saladeira. Se preferir, rasgue as folhas grosseiramente com as mãos.

5. Coloque as batatas e distribua o salsichão.

6. Por último, regue a salada com o creme.

Tempo de preparo
30 min

Rendimento
4 porções

Ingredientes

- 8 tomates-cereja cortados ao meio
- 1 colher (sopa) de azeite extravirgem
- Sal a gosto
- 4 rodelas de abacate cortadas em meia-lua
- Limão a gosto
- 1 maço pequeno de alface-romana
- 2 mussarelas de búfala médias em rodelas
- 6 azeitonas pretas
- Folhas de manjericão
- 1/2 pote (100 ml) de iogurte natural desnatado

Salada Tropical

1. Tempere o tomate com o azeite e sal e deixe descansar por 10 minutos.

2. Monte a salada em um prato: Coloque o abacate temperado com limão para não escurecer, a alface, o tomate, a mussarela de búfala, a azeitona e manjericão.

3. Regue com o molho de iogurte.

Tempo de preparo

20 min

Rendimento

2 porções

Ingredientes

- 1 xícara (chá) de lentilha
- 1/2 pepino em cubos
- 1/2 cenoura em cubos
- 4 rabanetes em cubos
- 8 tomates-cereja cortados ao meio
- Sal, limão e pimenta a gosto
- 2 colheres (sopa) de amêndoa tostada e cortada
- 1 maço pequeno de agrião
- 2 colheres (sopa) de azeite extravirgem
- 2 colheres (sobremesa) de vinagre de vinho branco

Salada Mediterrânea

1. Em uma panela com água e sal, cozinhe a lentilha al dente. Escorra a água e coloque em uma tigela.

2. Misture os ingredientes do molho e tempere a lentilha.

3. À parte, junte o pepino, a cenoura, o rabanete e o tomate-cereja e tempere com sal, limão e pimenta. Deixe descansar por 5 minutos.

4. Acrescente a amêndoa e misture na lentilha.

5. Monte a salada em um prato: coloque o agrião e, por cima, a lentilha com os outros ingredientes. Sirva em seguida.

Tempo de preparo
30 min

Rendimento
2 porções

Ingredientes

- Mix de folhas (alface roxa, crespa e americana, rúcula, agrião e radicchio)
- Meio figo cortado em lâminas
- 2 fatias de presunto de Parma
- 3 bolas de queijo de cabra
- 5 nozes
- Vinagrete mostarda (molho pronto)

Salada de Figo

1. Tempere o mix de folhas com o vinagrete.

2. Misture bem e, em seguida, adicione o restante dos ingredientes.

Está pronto para servir.

Tempo de preparo

20 min

Rendimento

2 porções

Ingredientes

- Mix de folhas (alface lisa, crespa e roxa e radicchio)
- Um peito de frango grelhado cortado em cubos
- Sal e pimenta (a gosto)
- Azeite de ervas para temperar
- Uma xícara de crótons de brioche
- Meia xícara de lascas de parmesão
- Vinagrete de mostarda
- 1 colher de mostarda
- 2 colheres de vinho branco e uma colher (sopa) de óleo; sal e pimenta a gosto

Salada Caesar

1. Tempere as folhas com sal, azeite de ervas e uma colher do vinagrete.

2. Monte o frango, parmesão e crótons sob as folhas.

3. Regue o prato com o vinagrete.

Tempo de preparo

20 min

Rendimento

2 porções

Ingredientes

- 4 talos de alho porró
- 2 queijos de cabra curados
- 50 g de miolo de nozes
- Azeite extravirgem, vinagre
- Sal, pimenta-preta moída a fresco
- Páprica

Salada Francesa

1. Corte os alhos em rodelas grossas.

2. Ferva água e acrescente aos talos de alho por 3 minutos. Escorra e passe bem por água fria. Deixe esfriar.

3. Esmigalhe o queijo grosseiramente, misture às rodelas de alho porró, com cuidado para não se desmancharem, acrescente as nozes picadas e tempere.

Tempo de preparo

30 min

Rendimento

4 porções

Ingredientes

- 1 polvo com cerca de 1 kg
- 4 tomates
- 1 pimentão
- 2 cebolas
- Pimenta branca
- Vinagre
- Azeite

Salada de Polvo

1. Coloque o polvo em uma panela com água, uma cebola, um pouco de azeite e sal e deixe cozinhar durante uma hora e meia.

2. Quando o polvo estiver cozido, retire da panela e deixe esfriar completamente.

3. Corte o tomate, a outra cebola e o pimentão em pequenos cubos.

4. Corte também o polvo em pedacinhos e junte tudo.

5. Tempere com sal, uma pitada de pimenta, azeite e vinagre.

Tempo de preparo

20 min

Rendimento

2 porções

Ingredientes

- 1 pepino
- 1 cebola pequena
- 2 tomates sem pele e sem sementes
- Folhas de Alface
- 50 g de palmito
- 150 g de lulas limpas e cortadas em anéis
- 1/2 xícara (chá) de vinagre branco
- Azeite de oliva
- 1 radicchio picado bem fininho (opcional)
- Sal e salsinha a gosto

Salada de Lulas

1. Corte em cubinhos os tomates e o palmito. Reserve.

2. Em água fervente, cozinhe os anéis de lula até que fiquem macios.

3. Retire, passe rapidamente, a lula cozida em uma colher de azeite quente. Reserve.

4. Pique a cebola e acrescente o pepino picadinho, os tomates e o palmito.

5. Tempere com sal, a salsinha, o vinagre e um pouco de azeite.

6. Coloque sobre o radicchio já picadinho e as folhas de alface, por cima, acrescente as lulas e sirva.

Tempo de preparo

20 min

Rendimento

2 porções

Ingredientes

- 300 g de ovas
- 2 ovos
- 100 g de farinha
- 1/2 litro de óleo
- 15 g de massa de malagueta
- Sumo de limão
- 100 g de cebola
- 10 g de alho
- 250 ml de azeite
- Sal e pimenta, salsa, vinagre

Salada de Ovas

1. Tempere as ovas com sal, sumo de limão e massa de malagueta e deixe repousar alguns minutos.

2. Bata os ovos com a farinha e passe as ovas, escorridas, pela mistura.

3. Depois frite-as em óleo bem quente e deixe-as escorrer em papel absorvente.

4. Em seguida, para preparar o molho, pique a cebola, o alho e a salsa, junte o azeite e o vinagre. Tempere com sal e pimenta.

5. Disponha as ovas no prato onde irão ser servidas e regue com o molho.

Tempo de preparo

20 min

Rendimento

2 porções

Ingredientes

- 1 pé de alface lisa
- 2 tomates médios cortados em fatias
- 1 cebola grande cortada em fatias
- 2 cenouras raladas em ralo grosso
- 1 maço pequeno de rúcula
- 400 g de queijo branco cortado em fatias
- 200 g de champignons cozidos em água
- 100 g de azeitonas verdes sem caroço picadas
- 1 pepino descascado e cortado em fatias

Molho para acompanhar
- 1 copo de iogurte natural
- 1/2 xícara (chá) de creme de leite
- 2 colheres (sopa) de mostarda
- 1/2 colher (chá) de açúcar
- 1/2 colher (chá) de sal
- 1/2 dente de alho picado
- Páprica picante a gosto

Misture todos os ingredientes e bata vigorosamente até misturar bem.

Salada em Camadas

1. Em uma tigela funda forrada com filme plástico, acomode 1/3 das folhas de alface lisa (folhas lavadas e escorridas).

2. Sobre as folhas de alface vá colocando em camadas fatias de tomates médios, fatias de 1 cebola grande, cenoura ralada e metade das folhas de rúcula (lavadas e escorridas), 100 g de queijo branco cortado em fatias (reserve o restante), 200 g de champignons cozidos em água, outra camada de folhas de alface, 50 g de azeitonas verdes sem caroço picadas, 1 pepino descascado e cortado em fatias e o restante do queijo branco (100 g).

3. Termine com a outra metade das folhas de rúcula e o restante das folhas de alface. Aperte bem. Cubra com papel filme, coloque um peso para pressionar bem a salada e leve à geladeira por 30 minutos. Vire sobre um prato, retire o filme plástico e sirva gelada com o molho.

Tempo de preparo
30 min

Rendimento
4 porções

Ingredientes

- 3 jilós verdes
- 2 tomates bem maduros
- 1 pimentão verde
- 1/2 cebola
- Azeite
- Sal e pimenta-do-reino a gosto

Salada de Jiló

1. Lave bem os legumes e pique em cubinhos bem pequenos.

2. Tempere com sal, pimenta e azeite a gosto.

Tempo de preparo

30 min

Rendimento

2 porções

Ingredientes

- Tomate
- Cenoura
- Alface

Salada de Tomate

1. Corte um tomate em pequenos pedaços, enrole as folhas de alface e corte em pedaços pequenos, rale a cenoura em tiras pequenas.

2. Misture os ingredientes e tempere com sal e azeite a gosto.

Se quiser pode utilizar o molho rosê, dá um toque especial.

Tempo de preparo

10 min

Rendimento

2 porções

Ingredientes

- 1 repolho pequeno cortado em tirinhas finas
- 1 cebola ralada ou picada miudinha
- 1 abacaxi cortado em tirinhas
- 4 cenouras raladas fininhas
- 1 colher (sobremesa) de mostarda
- 1 vidro pequeno de maionese
- 1 copo de iogurte natural
- Orégano e sal a gosto

Salada Roquefort

1. Corte o repolho e deixe de molho na água com muito gelo, para amolecer. Deixe de molho por umas 4 horas, e quando precisar vá colocando mais gelo para ficar sempre bem frio.

2. Escorra a água e em uma tigela misture todos os ingredientes.

Tempo de preparo

30 min

Rendimento

4 porções

Ingredientes

- 1 pacote de pão de forma picado em cubos
- 300 g de presunto picado em cubos
- 300 g de palmito picado
- 100 g de azeitonas picadas
- 2 tomates sem caroço picados
- Cheiro-verde a gosto

Salada Tubante

1. Em um prato, coloque todos os ingredientes secos, separadamente misture a maionese com o creme de leite e junte aos demais ingredientes.

2. Leve à geladeira por 1 hora. Sirva à seguir.

Tempo de preparo

30 min

Rendimento

4 porções

Ingredientes

- 1 kg de ricota
- 350 g frango defumado
- 100 g uvas passas preta
- 150 g tomate sem semente
- 100 ml azeite extravirgem
- Sal e pimenta a gosto
- 40 ml vinho branco seco
- 400 ml de creme de leite fresco
- 50 ml de azeite extravirgem
- 30 g de salsinha picadinha

Salada de Ricota

1. Em uma vasilha pequena coloque as uvas passas de molho no vinho branco por 10 minutos, depois retire o vinho e reserve.

2. Depois misture todos os ingredientes em uma travessa e tempere com sal e pimenta, e sirva gelada.

Tempo de preparo

20 min

Rendimento

2 porções

Ingredientes

- 1/2 pepino sem as sementes e cortado em palitos
- 1 pimenta dedo-de-moça sem as sementes
- 1 punhado de folhas de hortelã
- 1 pé pequeno de alface-romana
- 2 filés (150 g) de filé-mignon cortados em tiras
- Sal e pimenta-do-reino moída na hora

Molho

- 1 dente de alho picado
- 1 colher (sopa) de suco de limão
- 2 colheres (sopa) de shoyu light

Salada Crocante

1. Primeiro prepare o molho. Misture o alho, o suco de limão e o shoyu. Reserve.

2. Junte o pepino com a pimenta dedo-de-moça. Acrescente a hortelã e a alface. Misture bem e divida em dois pratos.

3. Tempere as tiras de filé-mignon com sal e pimenta-do-reino.

4. Grelhe por 3 minutos de cada lado em uma frigideira antiaderente bem aquecida.

5. Espere amornar e adicione aos outros ingredientes.

Sirva com o molho à parte.

Tempo de preparo

30 min

Rendimento

4 porções

Ingredientes

- 100g de macarrão parafuso tricolore
- 5 tomates-cereja cortados ao meio
- 5 azeitonas pretas
- Folhas de salsa
- 1/2 lata de atum light

Salada Tricolore

1. Cozinhe o macarrão al dente e deixe esfriar.

2. Em uma travessa, coloque a massa, o tomate, a azeitona e a salsa.

3. Por último, acrescente o atum. Regue com o tempero que preferir.

Sirva em seguida.

Tempo de preparo

40 min

Rendimento

4 porções

Ingredientes

- 3 xícaras (chá) de agrião
- 1 xícara (chá) de beterraba ralada
- 1 xícara (chá) de damasco picado
- 1 colher (sopa) de gergelim torrado
- Azeite de oliva a gosto
- Sal a gosto

Salada de Agrião

1. Em uma travessa, coloque o agrião. Reserve.

2. Misture em uma tigela a beterraba com o damasco.

3. Coloque esta mistura sobre o agrião, salpique o gergelim e tempere com o azeite e o sal.

Tempo de preparo

30 min

Rendimento

2 porções

Salada de Alface

Ingredientes

- 1 alface americana
- 1 maçã em cubinhos
- Amêndoas tostadas em lascas
- 1/3 de xícara de folhas de hortelã
- 100 g de copa fatiada em tirinhas

1. Coloque todos os ingredientes da salada em uma saladeira.

2. **Para fazer o vinagrete:** com um batedor de arame (fouet) misture o vinagre e o azeite em fio batendo sempre até o molho engrossar, tempere com sal e pimenta.

Sirva a salada com o molho vinagrete ou outro de sua preferência.

Tempo de preparo
30 min

Rendimento
4 porções

Ingredientes

- 300 g de lombo suíno defumado, cortado em cubos
- 1 melão inteiro cortado como uma cesta
- 80 g de champignon
- 1 lata de ervilhas em conserva
- Cubos do melão que for raspado de dentro
- 1 colher de sopa de ervas finas
- Sal e pimenta a gosto
- Azeite de oliva

Salada de Lombo e Melão

1. Aqueça uma frigideira com o azeite e coloque os cubos de lombo, mexa por 1 minuto sem parar.

2. Em seguida acrescente o champignon e deixe fritar junto com o lombo.

3. Coloque as ervilhas e em seguida o melão em cubos, tempere com sal e pimenta (a gosto) e por último as ervas.

4. Ajeite na cesta feita com a casca do melão e sirva a seguir.

Tempo de preparo

30 min

Rendimento

4 porções

Ingredientes

- 1 xícara (chá) de quinoa
- 2 xícaras (chá) de água
- 1 repolho picado bem fino
- 1 cenoura ralada no ralo grosso
- 1 maçã picada
- Maionese tradicional ou maionese de linhaça
- Sal e pimenta a gosto

Salada com Quinoa

1. Cozinhe a quinoa (em panela de arroz para micro-ondas) por 20 minutos em potência alta, parando na metade do tempo para misturar.

2. Deixe esfriar tampado.

3. Misture a quinoa e a maionese aos demais ingredientes e sirva a seguir.

Tempo de preparo

20 min

Rendimento

4 porções

Ingredientes

- 1 pacote de macarrão pene com sêmola
- 2 xícaras cheias de água
- 2 pitadas de sal
- 1/2 xícara de azeite
- 2 ovos de quintal fatiados
- 5 rodelas de pepperoni
- Salsinha a gosto

Salada Especial

1. Cozinhe o macarrão com a água, o azeite e uma pitada de sal.

2. Escorra o macarrão quando pronto e enfeite com os ovos, o pepperoni, a outra pitada de sal e a salsinha.

Aproveite!

Tempo de preparo

20 min

Rendimento

4 porções

Ingredientes

- 3 pepinos
- 1 cebola pequena
- Limão
- Sal, azeite e mostarda a gosto
- 4 colheres (sopa) cheias de maionese

Salada de Pepino

1. Corte os pepinos no sentido em quatro tiras, retire as sementes e pique em cubinhos.

2. Coloque o pepino picado em uma tigela funda e tempere a gosto.

3. Por último acrescente a maionese e leve para gelar bem antes de servir, é uma delícia...

Tempo de preparo

30
min

Rendimento

2
porções

Ingredientes

- 1 pé de alface
- 3 tomates sem semente
- 200 g mussarela
- 200 g kani kama
- 300 g palmito
- Cheiro-verde
- 200 g batata palha
- 1 vidro de molho rosê

Salada Chic

1. Após lavar bem as folhas da alface, pique-as e escorra para que a água saia bem.

2. Pique em cubinhos os tomates sem semente e a mussarela, corte em rodelinhas o Kani e o palmito.

3. Monte em refratário transparente. Coloque primeiro a alface, o tomate, a mussarela, o Kani, o palmito, cheiro verde e quando for servir coloque a batata palha.

4. Quando colocar no prato tempere com o molho rosê.

Tempo de preparo

20 min

Rendimento

4 porções

Ingredientes

- 4 tomates grandes, firmes e bem lavados
- 1 lata de atum light
- 1/4 de cebola em cubos
- 1/4 de pimentão verde em cubos
- 1/4 de pimentão vermelho em cubos
- 1 lata de milho
- 4 colheres (sopa) de maionese light
- Folhas de coentro (ou salsa)

Para o vinagrete

- 2 colheres (sopa) de geleia diet de laranja
- 1/4 de xícara (chá) de melancia em cubos e sem sementes
- 3 colheres (sopa) de suco de limão
- 1 colher (chá) de azeite de oliva
- 1/2 colher (chá) de sal

Para a salada

- 4 xícaras (chá) de mix de folhas (rúcula, agrião e alface americana)
- 1 xícara (chá) de melancia em cubos e sem sementes
- 1/2 xícara (chá) de ricota em cubos
- 1/4 de xícara (chá) de amêndoa em lascas
- Pimenta-caiena (opcional)

Modo de preparo

1. Corte uma tampa na parte superior dos tomates. Retire a polpa com cuidado e deixe os tomates virados para baixo sobre um papel-toalha para escorrer o excesso de água.

2. Em uma tigela, coloque o atum, a cebola, os pimentões e o milho e misture a maionese.

3. Recheie os tomates e decore com coentro (ou salsa).

Sirva em seguida.

Salada Mexicana

1. Faça o vinagrete: em uma panela pequena, aqueça a geleia até ficar líquida.

2. Retire do fogo e deixe amornar.

3. Bata a melancia no liquidificador para obter um suco e adicione-o a geleia com os demais ingredientes. Leve à geladeira por 15 minutos.

4. Monte a salada: distribua as folhas em pratos individuais e coloque sobre elas a melancia e as lascas de amêndoa.

5. Tempere com o vinagrete e polvilhe com a pimenta.

Tempo de preparo

30
min

Rendimento

4
porções

Ingredientes

- 2 berinjelas médias picadas
- 1 abobrinha média picada
- 1 cebola média picada
- 1 pimentão amarelo médio picado
- 1 pimentão vermelho médio picado
- 1 talo de salsão picado
- 1 xícara (chá) de uva passa branca
- 1/2 xícara (chá) de azeitona preta picada
- 3 colheres (sopa) de alcaparra
- 1/2 xícara (chá) de vinagre
- 1 xícara (chá) de azeite de oliva

Salada de Berinjela

1. Coloque a berinjela, a abobrinha, a cebola, os pimentões, o salsão, a azeitona e a alcaparra em um refratário e misture.

2. Regue com o vinagre e o azeite de oliva e leve ao forno pré-aquecido (200ºC) por cerca de 40 minutos.

Sirva-o quente ou frio.

Tempo de preparo

40 min

Rendimento

2 porções

42 | Saladas

Ingredientes

- 600 g de camarão
- 1/2 melão prince cortado em cubinhos
- 1/2 melão verde cortado em cubinhos
- 1 xícara de creme de leite
- 2 colheres (sopa) de hortelã picada
- 5 folhas grandes de hortelã
- Sal a gosto

Salada Praiana

1. Limpe os camarões e cozinhe-os no vapor por 5 minutos ou até que estejam cozidos e separe.

2. Arrume os melões e os camarões picados em pratos individuais.

3. **Prepare o molho:** bata rapidamente o creme de leite até engrossar um pouco.

4. Adicione as folhas de hortelã e tempere.

5. Acrescente um pouco do molho em cada prato e misture delicadamente.

Tempo de preparo

30 min

Rendimento

4 porções

Ingredientes

- 4 massas de pizza de frigideira
- 1/2 pé de alface americana
- 1/4 pé de rúcula
- 1/2 manga
- 1 tomate médio
- Uva

Molho

- 1 copo de iogurte natural pequeno
- Azeite
- Hortelã
- Sal a gosto

Salada Verão

1. Com a frigideira já aquecida, molde as massas de pizza até que estejam crocantes. Reserve.

2. Lave a alface e a rúcula, e deixe escorrendo.

3. Descasque a manga e corte pétalas, faça o mesmo com o tomate tirando as sementes, e as uvas na metade.

4. Para o molho: mescle tudo.

5. Montagem: Com a base de massa já fria coloque um pouco da alface, rúcula e acima decore com as frutas e o tomate, regue com o molho.

Tempo de preparo

20 min

Rendimento

2 porções

Salada da Hora

Ingredientes

- 1 maço de alface americana
- 1 maço de rúculas
- 1/2 maço de salsinha (picada)
- 1 pepino japonês (cortado em diagonal)
- 1 cebola branca (cortada e rodelas)
- 1 cebola roxa (cortada e rodelas)
- 10 azeitonas pretas
- 10 azeitonas verdes
- 2 tomates cortados em filé
- 6 pimentas doces
- 1 suco de um limão
- 3 colheres de azeite
- 1 colher (sopa) de vinagre branco

1. Em uma travessa coloque as folhas, cebola, azeitonas, salsa, pepino, pimenta, sal, limão e o vinagre.

2. Mexa e sirva.

Tempo de preparo
40 min

Rendimento
6 porções

Ingredientes

- 6 folhas de alface
- 200 g tomate cereja
- 5 pepinos para conserva
- 200 g de queijo de sua preferência
- 300 g palmito picado
- 2 ovos cozidos
- 1 couve-flor
- Sal a gosto

Salada de Domingo

1. Pique o queijo em cubos pequenos.

2. Corte em fatias o tomate e faça o mesmo com os ovos cozidos e com os pepinos.

3. Corte ao meio a couve-flor.

4. Em seguida, forre um pirex com as folhas de alface.

5. Depois, coloque os demais ingredientes, reservando a couve-flor e os ovos.

6. Agora ponha os outros ingredientes e tempere.

Tempo de preparo

30 min

Rendimento

4 porções

Ingredientes

- 1 cebola picada
- 1 pimentão vermelho ou amarelo
- 2 dentes de alho
- 2 xícaras de soja em grão cozida
- 8 azeitonas
- Suco de limão
- Sal a gosto
- Salsa

Salada de Soja

1. Coloque a soja de molho, retire sua casca e cozinhe em uma panela de pressão.

2. Retire-a do fogo e deixe-a esfriar.

3. Em seguida, deixe escorrer e acrescente cebola picada, salsa, alho, pimentão, sal a gosto, limão e azeitonas.

Tempo de preparo

30 min

Rendimento

4 porções

Ingredientes

- 550 g de palmito pupunha
- Caldo de 1 limão (para o tempero)
- 1/2 copo (tipo americano) de caldo de limão
- 2 copos (tipo americano) de água
- 1 pitada de sal
- Azeite a gosto
- Salsa

Salada de Pupunha

1. Rale o palmito no sentido do comprimento ou pique com a faca.

2. Coloque de molho na água com limão. Retire, escorra em uma peneira e esprema.

3. Tempere com azeite, limão, sal e salsa a gosto.

Tempo de preparo

20 min

Rendimento

4 porções

Ingredientes

- Cebola cortada em rodelas
- Azeite
- Vinagre
- Orégano
- Sal a gosto

Salada de Cebola

1. Corte as cebolas em rodelas não muito grossas, coloque em uma panela e adicione água o suficiente para cobri-las, leve ao fogo até levantar fervura.

2. Tire do fogo e escorra as cebolas e logo em seguida coloque na água gelada para cessar o processo de cozimento, isso é muito importante pois é o que dá a crocância na cebola.

3. Para temperar utilize bastante azeite, vinagre, orégano (indispensável), sal a gosto.

Sirva em seguida.

Tempo de preparo

30 min

Rendimento

4 porções

Ingredientes

- 5 maçãs médias
- 100 g de amendoim torrado e salgado
- 1 caixinha de creme de leite
- 1 colher de sopa de maionese light

Salada de Maçã

1. Corte as maçãs ao meio, retire as sementes e corte em cubos pequenos com a casca.

2. O amendoim deve ser picado em pedaços bem pequenos.

3. À parte misture o creme de leite com a maionese e misture com a maçã e o amendoim.

O amendoim pode ser substituído por castanhas de caju torradas e salgadas.

Não precisa sal, pois o amendoim já vem salgado.

Tempo de preparo

40 min

Rendimento

4 porções

Ingredientes

- 1 alface
- 100 g de azeitona
- 500 g de palmito
- 1 lata de ervilha
- 1 lata de milho
- 250 g de maionese light
- 2 colheres de azeite
- 1 limão
- Sal a gosto

Salada Grega

1. Corte pedaços da alface.
2. Corte o palmito em rodelas.
3. Coloque o milho, a ervilha, a azeitona, o palmito e o alface em uma vasilha.
4. Misture com a maionese.
5. Adicione o suco de metade de um limão e o azeite.
6. Coloque sal a gosto.

Tempo de preparo

40 min

Rendimento

4 porções

Ingredientes

- 1 repolho
- 1 abacaxi
- 1 copo de iogurte natural
- Sal a gosto
- Pimenta a gosto
- 1/2 lata de creme de leite
- 1 colher de sopa de maionese
- 1 limão
- 1 ovo cozido
- Azeite

Salada de Repolho

1. Corte o repolho bem fininho, coloque-o em uma travessa.

2. Corte o abacaxi em cubinhos, coloque em cima do repolho, bata no liquidificador, o ovo cozido, o creme de leite, o sal, a pimenta, o limão, o iogurte, vá adicionando azeite até engrossar.

3. Depois de pronto jogue em cima do repolho e o abacaxi.

Sirva gelado.

Tempo de preparo

30 min

Rendimento

6 porções

Ingredientes

- 2 batatas médias (descascadas)
- 1 lata de ervilhas
- 1 lata atum
- 100 g de vagem
- 2 cenouras
- 1 colher salsa (picada)
- 2 colheres azeite
- 1 colher de vinagre branco
- Sal e pimenta a gosto

Salada Saudável

1. Em uma panela coloque água e as batatas, cenouras, e a vagem e cozinhe cada uma a seu tempo, retire e corte a seu gosto.

2. Em uma travessa coloque as batatas, cenoura, vagem, ervilhas e o atum, salpique um pouco de salsa, adicione o vinagre, azeite e o sal e sirva.

Acompanha torrada.

Tempo de preparo

30 min

Rendimento

4 porções

Ingredientes

- 1 alface americana e 1 roxa ou crespa
- 1 bandeja de tomates cereja
- 1 xícara de mostarda
- 1/2 xícara de mel
- 1 pitada de sal

Salada Sucesso

1. Monte a salada como de costume, misturando 2 ou 3 tipos de alface e decorando com os tomates cereja.

2. Para fazer o molho é só misturar a mostarda, o mel e o sal, e bem pouco sal.

3. Coloque por cima da salada e pronto.

Dica: esta salada combina muito com batata recheada, estrogonofe ou lasanha.

Tempo de preparo

30 min

Rendimento

4 porções

Ingredientes

- 2 batatas cozidas em cubos
- 2 cenouras médias cozidas em cubos
- 2 ovos cozidos picados
- 250 g de vagens picadas e cozidas
- 1/2 xícara de azeitonas picadas
- 1/2 xícara de uvas passas
- 5 damascos picados
- 1/2 xícara de castanhas-do-pará picadas
- Orégano, salsinha a gosto
- 3 colheres (sopa) de maionese

Salada de Festa

1. Em um recipiente misture os ingredientes, depois transfira para uma saladeira ou travessa.

Conserve em geladeira até o momento de servir.

Tempo de preparo

30
min

Rendimento

2
porções

Ingredientes

- 1 pimentão vermelho ou amarelo pequeno, em rodelas
- 4 rabanetes em rodelas
- Verduras a gosto (alface, espinafre, couve, rúcula, etc...)
- Azeite e sal a gosto

Salada de pimentão e rabanete

1. Coloque as verduras em um prato e distribua as rodelas de pimentão, e o rabanete por cima.

2. Tempere com sal e azeite a gosto e use o seu molho preferido.

Tempo de preparo

15 min

Rendimento

2 porções

Ingredientes

- 2 mamões papaia pequenos
- 1 laranja média
- 5 bananas
- 2 maçãs
- 5 morangos maduros
- 1 pêssego
- 10 uvas (qualquer variedade)
- 1 caixa de leite condensado
- 10 cubos de gelo
- 1/2 colher (sopa) de canela em pó

Salada de Frutas I

1. Pique todos os ingredientes, a laranja em pedaços menores que as outras frutas, depois ela solta o caldo e a salada não fica tão ácida.

2. Coloque tudo em um prato fundo e adicione o leite condensado, a canela em pó e o gelo, mexa por alguns segundos e leve na geladeira por 30 minutos.

Tempo de preparo

20 min

Rendimento

4 porções

Ingredientes

- 1 lata de leite condensado
- 1/2 xícara suco de maracujá/limão concentrado
- 4 xícaras de frutas variadas de sua preferência picadas (morango, maçã, manga, mamão, kiwi, etc)

Salada de Frutas II

1. Misture o leite condensado e o suco de maracujá/limão até obter um creme consistente.

2. Distribua o creme de maracujá/limão em taças e enfeite com as frutas.

Sirva gelado.

Tempo de preparo

30 min

Rendimento

4 porções

Ingredientes

- 1/2 abacaxi descascado
- 1 maçã grande
- 2 bananas prata
- 12 uvas
- 1/2 mamão
- 1 manga
- 1 caixa de morango

Salada de Frutas III

1. Lave, descasque e corte as frutas em cubinhos, coloque na travessa de servir e leve à geladeira.

2. Na hora que for servir acrescente o leite moça, misture e sirva.

Tempo de preparo

30 min

Rendimento

4 porções

Ingredientes

- Bananas
- Maçãs
- Mamão médio
- Laranjas
- Melão
- Outras frutas a gosto
- Leite condensado

Salada de Frutas IV

1. Picar todas as frutas, acrescentar meio copo de água mineral, e a lata de leite condensado.

Tempo de preparo

30 min

Rendimento

4 porções

Ingredientes

- 5 bananas picadas
- 2 caixas de morango fatiado em cubo
- 3 mamões fatiados sem a casca e as sementes
- 5 laranjas em fatias sem as sementes
- 4 maçãs sem as sementes e sem a casca
- 1 abacaxi em cubo sem a casca
- 3 latas de leite condensado
- 3 creme de leite (se preferir)

Salada de Frutas V

1. Tire todas as sementes das frutas e as cascas.

2. Pique as frutas em uma tigela grande.

3. Coloque o leite condensado na tigela junto com as frutas picadas.

4. Em seguida coloque o creme de leite (se preferir).

5. Mexa levemente.

6. Leve até a geladeira e deixe por 1 hora.

7. Tire da geladeira, coloque em potes e sirva.

Tempo de preparo
30 min

Rendimento
4 porções

Ingredientes

- 1 abacate
- 2 bananas
- 2 maçãs
- 1 melão
- 1 pote de sorvete
- 1 caixa de morango
- 1 caqui ou pequi

Salada de Frutas VI

1. Corte o abacate, as bananas, as maçãs, o melão, os morangos e o caqui.

2. Logo depois pegue uma vasilha, coloque os ingredientes dentro dela e misture-os, sirva com sorvete e aproveite!

Tempo de preparo

30 min

Rendimento

4 porções

Equivalência de Pesos e Medidas

Passo a Passo

1. Afofe e peneire ingredientes secos como farinhas, açúcar e outros, antes de serem medidos. Coloque-os cuidadosamente no recipiente de medida, sem serem comprimidos ou sacudidos.

2. Coloque o recipiente para medir ingredientes líquidos sobre uma superfície reta e verifique o nível na altura da vista.

3. Retire da geladeira com antecedência as gorduras sólidas como manteigas, margarinas, banhas e outras, para que sejam medidas na temperatura ambiente. Coloque no recipiente de medida, apertando para que não fiquem buracos vazios ou bolhas de ar.

Como medir Líquidos

Coloque o recipiente graduado, ou a xícara em cima da mesa e encha com o líquido até a marca desejada. Se usar colher, encha até a borda sem derramar.

Como medir Ingredientes Secos

Encha a xícara ou o recipiente com a farinha, o açúcar, chocolate em pó, etc… e não comprima, nem sacuda. Apenas passe uma faca por cima para tirar o excesso.

Como medir Gorduras Sólidas

Para medir manteiga, margarina, gordura vegetal na xícara, encha toda a xícara comprimindo com a ajuda de uma colher, depois passe uma faca por cima para tirar o excesso.

Pesos e Medidas		
1 litro	4 copos americanos	1000 ml
1 xícara	16 colheres (sopa)	240 ml
1 colher (sopa)	3 colheres (chá)	15 ml
1 colher (chá)	1/3 colher (sopa)	5 ml

Ingredientes (1 xícara de chá)	
Açúcar	160 g
Araruta	150 g
Arroz cru	210 g
Amêndoas, nozes e castanhas	140 g
Aveia	80 g
Banha	230 g
Chocolate em pó	90 g
Coco seco ralado	80 g
Farinha de mandioca	150 g
Farinha de rosca	80 g
Farinha de trigo	120 g
Fubá	120 g
Maisena	150 g
Manteiga	230 g
Mel	300 g
Polvilho	150 g
Queijo ralado	80 g
Uva Passa	140 g

Copos, xícaras e ml	
1 xícara	240 ml
1 copo de requeijão	240 ml
1 copo duplo	240 ml

Equivalência de Pesos e Medidas

Equivalências (g)	
1 litro	equivale a 6 xícaras (chá) ou 4 copos
1 garrafa	equivale a 3 e 1/2 xícaras (chá) ou 2 e 1/2 copos
1 copo de água comum	equivale a 250 g
1 prato fundo nivelado	equivale a 200 g
1 xícara (chá) de líquido	equivale a 150 g ou 20 colheres (sopa)
1 xícara (chá) rasa de açúcar	equivale a 120 g
1/4 xícara (chá) de líquido	equivale a 5 colheres (sopa)
1/3 xícara (chá) de líquido	equivale a 6 colheres (sopa)
1/2 xícara (chá) de líquido	equivale a 10 colheres (sopa)
2/3 xícara (chá) de líquido	equivale a 12 colheres (sopa)
3/4 xícara (chá) de líquido	equivale a 15 colheres (sopa)
1 cálice	equivale a 9 colheres (sopa) de líquido
1 quilo	equivale a 5 e 3/4 xícaras (chá)
250 g de manteiga	equivale a 1 e 1/4 xícara (chá)
1/4 de xícara (chá) de manteiga ou margarina	equivale a 4 colheres (sopa)
1 xícara (chá) de amendoim torrado	equivale a 140 g
1 xícara (chá) de farinha de rosca	equivale a 150 g
1 colher (sopa) de farinha de rosca	equivale a 11 g
1 xícara (chá) de coco ralado seco	equivale a 75 g
1 xícara (chá) de óleo	equivale a 170 g
1 colher (sopa) de óleo	equivale a 10 g
1 colher (sopa) de sal	equivale a 13 g
1 colher (chá) de sal	equivale a 5 g
1 colher (sopa) de fermento em pó	equivale a 12 g
1 colher de chá de fermento em pó	equivale a 5 g
1 xícara (chá) de maisena	equivale a 120 g
1 colher (sopa) de maisena	equivale a 8 g
1 colher (chá) de maisena	equivale a 2 g
1 pitada é o tanto que se pode segurar entre as pontas de dois dedos ou 1/8 de colher	

Líquidos (leite, água, óleo, bebidas alcoólicas, café etc.) (ml)	
1 xícara	240 ml
1/2 xícara	120 ml
1/3 xícara	80 ml
1/4 xícara	60 ml
1 colher (sopa)	15 ml
1 colher (chá)	5 ml

Chocolate em pó (cacau em pó)	
1 xícara	90 g
1/2 xícara	45 g
1/3 xícara	30 g
1/4 xícara	20 g
1 colher (sopa)	6 g

Manteiga (margarina e gordura vegetal)	
1 xícara	200 g
1/2 xícara	100 g
1/3 xícara	54 g
1/4 xícara	16 g
1 colher (sopa)	20 g

Açúcar	
1 xícara	180 g
1/2 xícara	90 g
1/3 xícara	60 g
1/4 xícara	45 g
1 colher (sopa)	12 g
1 colher (chá)	4 g

Farinha de trigo	
1 xícara	120 g
1/2 xícara	60 g
1/3 xícara	40 g
1/4 xícara	30 g
1 colher (sopa)	10 g